Rakkauden kultainen tie

Rakkauden kultainen tie

Karmen Shi Englan

Valmistaja:
Books on Demand GmbH, Norderstedt, Saksa /

Kustantaja:
Books on Demand GmbH, Helsinki, Suomi

Kannen kuva:
Shi Assi

Julkaistu yhteistyössä
BioforceCenter yhdistyksen kanssa.

Ensimmäinen painos

ISBN: 978-952-498-054-8

Karmen Shi Englan

Karmen Shi Englan on taiteilijanimi, joka on annettu BioforceCenterin työntekijälle tai jäsenelle. BioforceCenter on yhdistys, joka perustettiin Äiti Marian kanavoimien ohjeiden avulla ja kanavointien avulla myös tämä kirja on kirjoitettu.

Ja niin on, ettei tämä kirja ole tullut niin kuin monet muut kirjat eli vain ihmismielen antamien virikkeiden avulla, vaan tämä kirja on kanavoitu henkiseltä auttajaltamme Äiti Marialta. Ja se on ollut antoisaa ja kiitollisuuttani herättävää työtä, sillä ei ole maailmassa mitään mikä olisi mukavampaa kuin saada kanavoitua tietoa ihmeelliseltä suojelusenkeliltämme Äiti Marialta.

Ja tämä tieto vie monien ajatukset sielun syvimpien kysymysten vastauksille, joten se on helpottanut myös oman maailmankatsomukseni heräämistä totuuteen.

Ja vielä yhden asian sanoakseni ottakaa tämän kirjan viesti avoimin mielin vastaan, sillä sen viesti ei ehkä tunnu heti oikealta koska se poikkeaa monista muista annetuista tiedoista. Mutta muistakaa, että maailmamme muuttuu jatkuvasti ja tarvitaan aina uutta tietoa, jotta me maapallon ihmissielut

voisimme helpommin ottaa vastaan uusia haastei-
ta, joita uudistuva maapallomme meille tarjoaa.

Ja on vielä sellainenkin asia, että tämä kirja on tu-
leva olemaan ensimmäinen kirja sarjasta, jossa Äiti
Maria opastaa ihmisiä helpommin kuljettavaan
elämään. Joten nauttikaa nyt Äiti Marian antamas-
ta opastuksesta täysin sydämin ja tietäkää, että Äiti
Maria tulee olemaan läsnä elämässämme aina ja
avun pyyntöihimme vastataan aina, kun sitä tarvit-
semme.

Joten nyt nauttikaa lukuhetkestänne Äiti Marian
seurassa. Ja olkaa siunatut Jumalan nimeen.

-Karmen Shi Englan-

Rakkaus kestää ikuisesti

*Vain pienen pieni tyttönen
on tuo tyttövauva,
mut koht on hällä tehtäviä
maailmalle jakaa.*

*Ja tuo pieni tyttönen
saa nyt pienen lahjan
ja se on nyt annettu
ja onnen kultaa hohtaa.*

*Ja lahja on tuo kauneus,
jota päällään kantaa
ja sillä kauneudellansa
monta poikaa juksaa.*

*Mut on myös paljon hyötyä
siitä, et on nätti,
sillä sillä pääse pitkälle
kunhan kantaa kauneuttaan
niin kuin pientä vauvaa.*

*Ja sisäistä on kauneus
eikä pintasälää,
joten turhaa on nuo meikit kaikki,
johon rahojansa haaskaa.*

Mut sitten saapuu vanhemmuus
ja kaikki poistuu salaa.
Ei ole enää hymyä
ja ilokin jo surkastuu.

Mut missä on se kaikki,
kun ennen oli toisin?
Kaikkialle jäänyt on
vain katkeruus ja turhuus.

Ja lahja on nyt turha,
kun ei sitä käytä,
mut jos on sitä hoitanut,
niin kaunis on hän vielä.

Ja vielä saapuu kuolema
ja kehon taakseen jättää,
mut vielä säilyy kauneus,
sillä lahja on ja pysyy.

Ja mikä on tää opetus
pienen kauniin runon?
Niin on se tieto sellainen,
et sielu on ja pysyy,
mut ulkokulta maailman
aina maatuu eikä pysy.

Joten ole aina tietoinen,
et rakkauttas vaali,
sillä se on lahja Jumalan,
joka kaiken kestää.

Alkusanat

On paljon, paljon tapahtunut sen jälkeen, kun olen teille maapallon asukkaille puhunut. Ja on nyt sellaistakin paljon, jota ei aiemmin ole ollut. Ja nyt tiedän, että te tarvitsette minua teidän omissa ongelmissanne. Sillä niin on, ettei ole monia sieluja, jotka haluaisivat kärsiä niin paljon, kuin nyt kärsivät.

Ja monet ovat kutsuneet Jumalaa elämäänsä, mutta he eivät ole oikein sitä ottaneet vastaan. Joten onkin ollut usein niin, että monta kertaa ollaan luultu, ettei Jumala ole vastannut, vaikka onkin. Ja siihen on monia, monia eri syitä. Ja jopa on usein niin, että ihmiset syyttelevät Jumalaa julmuudesta, mutta niin ei asia ole, vaan on niin, että Jumala on rakkaus ja rakkaus loistaa teistä.

Johdanto

Paljon ihmisiä on kuollut sen jälkeen, kun olen teille viimeiseksi kirjan antanut. Ja on nyt sellaisia asioita, joita on tullut vastaan ihmisten tekojen seurauksena, ettette te voisi niitä kaikkia ymmärtää. Ja siksi haluan nyt teille kertoa syitä niihin kauheuksiin, joita maapallolla on tapahtunut.

Sillä kaikella mitä maailmassa tapahtuu on syynsä ja seurauksensa. Ja se on sellainen karman laki, josta olette tottuneet puhumaan, mutta hieman eri merkityksessä, kuin miten sen teille nyt selitän.

Ja monia asioita karman lisäksi kerron teille nyt uudessa valossa, sillä moni asia on muuttunut pienen ajanjakson sisällä. Joten on hyvä, että te saatte nyt uutta tietoa, sillä te tarvitsette sitä, jotta voisitte paremmin ymmärtää teille tapahtuvia asioita. Joten olkaa kaikki rauhassa, sillä kaikella on tarkoitus ja seuraus.

Luku 1

On ollut monia katastrofeja, joiden mukana on kuollut miljoonia ihmisiä ja on monia kuolleita, joiden olemassaolosta vielä tänäänkin on epävarmuus. Ja se tuottaa jäljelle jääneille tuskaa, joten on hyvä, että kerron teille jotakin, joka ehkä auttaa teitä ymmärtämään maailman kierron pahuutta.

Ja on niin, ettei ole olemassa mitään, millä ei olisi mitään tarkoitusta, vaan aivan jokaisella tapahtumalla on syynsä. Ja nyt selitän teille miten asiat todellisuudessa ovat.

Miltei kaikilla asioilla on joitain tunteita teillä ihmisten keskuudessa. On surua ja iloa ja on tuskaa ja kipua. Mutta on myös rakkautta ja hyvinvointia, joten kaikella elämisellä on joitain kokemuksellisia tunteita. Ja noiden tunteiden avulla te voitte tuntea elävänne. Eli jos noita tunteita ei olisi, niin silloin te ette voisi kokea elävänne.

Näin ollen on hyvin tärkeää kokea kaikkia mahdollisia tunteita, joten olkaa tyytyväisiä siihen, että teillä on tunteenne, sillä ilman tunteita teillä ei olisi mitään, minkä vuoksi te eläisitte. Ja nyt kerron teille, miten te niitä tunteita itsellenne teette ja miksi niitä tunteita ylipäätään pitää olla.

11

Luku 2

On olemassa surua, joka tuntuu ylitsepääsemättö-
mältä, mutta se on niin, ettei sellaista surua voi
olla, kuin on ylitsepääsemätön tunne. Sillä kaikki
tunteet te koette siten, kuin te itse olette ennen
syntymäänne suunnitelleet. Joten ei ole mitään
tunnetta, jota te ette olisi itse itsellenne määrän-
neet, vaan kaikki tuntemukset on sovittu etukäteen
Jumalan kanssa syntymää edeltävänä aikana.

Ja Jumala on teille ne kokemukset antanut, jotta
voisitte tuntea olevanne elävä. Ja tämä tuntuu välil-
lä liian julmalta ja te ajattelette, että Jumala rankai-
see teitä teidän teoistanne, mutta niin ei suinkaan
ole. Sillä Jumalan ei koskaan rankaise, vaan Jumala
on rakkaus ja niin on aina ollut ja niin tulee myös
aina olemaankin. Joten ei tule syyttää Jumalaa niis-
tä julmuuksista, joita te maan päällä koette, vaan
on tarkoitus nyt ymmärtää elämisen tarkoitus ja
myös se, että miksi te kärsitte niin paljon kuin kär-
sitte.

Ja niihin kaikkiin tuntemuksiin, joita te koette, on
jokin syy, kuten sellaisellekin asialle, että te kuolet-
te. Joten älkää aina olko surullisia, kun läheinen
kuolee, vaan iloitkaa mieluimmin siitä, että tuo

sielu on vihdoin päässyt autuuteen, kuten hän on sitä itse halunnut jo ennen kuin syntyy.

Eli aina on jo etukäteen määrätty se, että milloin ihmisen maanpäällinen elo loppuu ja milloin alkaa vaellus siellä sielujen maailmassa. Olkaa siis aina huolehtimatta siitä, että oletteko saaneet täällä maanpäällä kaiken sen tehtyä, mitä olisi pitänyt. Sillä kaikki se, mitä on ollut tarkoitus tehdä, tulee kyllä varmasti tehtyä, sillä sitä mahdollisuutta ei ole, etteikö jokin sielu ehtisi omaa tehtäväänsä maanpäällisessä elämässään suorittaa, vaan aina on kaikki teot ja tehtävät suoritettu, jotka jo ennen syntymää on tarkoin sovittu.

Ja on monia vauvoja, jotka syntyvät ja saman tein kuolevat. Ja niiden elämä lyhyydestään huolimatta on ennalta sovittu. Ja jopa syntymättömänä kuolevat vauvat ovat sen kohtalon jo ennalta tienneet. Joten olkaa huolehtimatta vauvojenkin kohtalosta, sillä aborttikin on asia, joka sovitaan jo etukäteen täällä rajantakaisessa sielujen vaelluksessa. Joten älkää liiaksi tuomitko niitä, jotka aborttiin päätyvät. Ja se on usein heidän elämälleen ainoa oikea vaihtoehto tuona hetkenä, kun he sen tekevät. Joten älkää tuomitko abortin tekijöitä, vaan hyväksykää sekin asia rakkaudellisesti, aivan kuten on ehkäisynkin laita.

Ja vielä haluaisin sellaisen asian mainita, että jopa homous ja lesbous ovat ennalta sovittuja asioita, joten älkää tuomitko heitäkään, sillä ne asiat ovat

Jumalan kanssa sovittuja asioita. Eikä mitään Jumalan kanssa sovittua voi tuomita, vaikka te ihmiset mielellänne niin teettekin.

Luku 3

Paljon ja kauan on siitä, kun olette täällä toisella puolella päättäneet, että te tekisitte toisillenne lupauksia, joiden avulla te voitte tehdä sellaisia kokemuksia sopimustenne avulla. Ja on paljon heitä, jotka ovat nämä lupaukset unohtaneet, mutta on myös sellaisia ihmisiä, jotka voivat joitakin asioita rajantakaisista lupauksista muistaa. Ja sekin on niin annettu teille, että te jotkut muistaisitte sen asian oikean laidan, koska jos kukaan ei muista, niin silloin te eläisitte täydessä epätietoisuudessa ja se on teille liian raskasta.

Ja on sellaisiakin ihmisiä, jotka voivat muistaa kokonaisia menneitä elämiä ja on sellaisia, jotka voivat muistaa osia sieltä täältä. Mutta vain harvat voivat sellaisia asioita muistaa. Ja tärkeätä olisikin, että tällaiset harvat ihmiset voisivat levittää tuota tietoa muillekin ihmisille.

Ja sellainen on vallalla oleva käsitys, että te aina vain elätte ja kuolette ja se on siinä, mutta niin ei kuitenkaan ole, vaan te todella elätte monta elämää jokainen sielu. Ja jos te tahdotte, niin elätte jopa tuhansia elämiä. Mutta niin on, ettette te kuitenkaan itse halua jatkuvasti elää elämiä, vaan te haluatte tehdä myös muuta.

15

Eli tuolloin, kun te ette elä maan päällistä elämää, niin silloin te voitte tehdä monia muita asioita, kuten esimerkiksi toimia oppaana läheisillenne tai sitten vain olla yhtenä apuna muille sieluille, kuten esimerkiksi olla mukana tapahtumassa, jossa te ihmissielut synnytte ja kuolette.

Ja se onkin sellainen asia, joka teidän on vaikea ymmärtää. Eli se, ettei ole sellaista olotilaa, jolloin ette olisi ajatteleva, vaan te ajattelette heti, kun te menette kohtuun. Ja ajattelette myös, kun te kuolette. Ja aina te ajattelette ja se on ihmiselon kauneutta, että ei ole ajattelematonta olotilaa. Ja välillä on olotiloja, jolloin ette jaksaisi ajatella mitään, mutta sehän ei ole edes mahdollista, vaan aina te jotain ajattelette.

Ja vielä on niinkin, että ajatellessanne te olette Jumalallisessa tilassa. Eli Jumala on aina mukana jokaisessa ajatuksessanne, vaikka välillä sanotte, että on Jumalatonta edes ajatella jotain oikein pahaa. Mutta niin on, ettei sellaista Jumalatonta ole olemassa, vaan kaikki on Jumalasta lähtöisin. Sillä te olette Jumalaa ja sitä ei voi mikään paha ajatus muuttaa. Ja näin on aina ollut ja tulee myös olemaankin.

Ja vielä on sanonta, että ei ole mitään niin pahaa, etteikö olisi jotain hyvääkin. Ja tuo sananlasku on melko lähellä totuutta, sillä rakkaus on aina kaikessa mukana, vaikka ihmisajatuksin ajateltuna se tuntuisi kovinkin pahalta.

Luku 4

Sellaisia asioita on aina vaikea ymmärtää, kuin että Jumalan nimissä murhataan tai tehdään itsemurhia. Ja silloin ihmiset kyllä usein ajattelevat, ettei Jumalaa voi olla olemassa, kun tällaista tapahtuu. Eli että miten Jumala voi antaa sellaisten asioiden tapahtua. Mutta on niin, ettei Jumala sotkeennu mitenkään ihmisten toimintaan maan päällä, jos Jumalalta ei sitä erikseen pyydetä.

Ja niinkin on, ettei ole mitään pahaa edes noissa murhissa, sillä nekin on ennen syntymää Jumalan kanssa sovittuja. Ja on sellaisia rakkaudellisia lupauksia, jotka lopputuloksellaan tuntuvat tuhoavan kaiken allaan. Mutta on myös lupauksia, joiden avulla voi tehdä ihmeitä.

Ja ihmisen aura loistaa, kun hän on elämässään valinnut rakkaudellisimpia valintoja elämässään. Ja jos hän on aina valinnut mitä vähemmän rakkaudellisia valintoja, niin tuolloin aura ei ole niin loistava. Mutta silti hän on tehnyt rakkaudellisia päätöksiä ja valintoja, sillä rakkaudettomia valintoja ei voi olla olemassa.

Ja sellainen asia on myös voittajan asia, jolloin Jumala on antanut ihmislapselle valintoja, jonka mukaan hän voittaa. Mutta jos hän olisi ollut epäuskoinen, niin hän ei olisi voittanut. Joten aina, kun johonkin oikein vahvasti uskoo, niin silloin voittaa ja jos kovasti epäilee, niin silloin häviää. Ja sen tähden sanotaankin, että Jumala on voittajien puolella, sillä usko on se, mikä vie voittoon.

Ja vahvalla uskolla voi tehdä vaikka mitä. Eli ei ole sellaista mahdollisuutta, että jos johonkin oikein vahvasti uskoo, ettei se sitten toteudu, vaan epäonnistuisi. Ja se on sellainen yksi maailmankaikkeuden laki, että kun me johonkin uskomme, niin se toteutuu.

Ja on myös muita lakeja, kuten karman laki, johon te uskotte. Ja jos johonkin lakiin uskoo, niin se myös toteutuu. Jos vahvasti uskoo karman lakiin, niin se myös toteutuu ja samoin on kaiken asioiden laita. Eli ei ole mitään, mikä ei toteutuisi, jos siihen vahvasti uskoo.

Ja nyt, kun kerron teille sellaisen asian, että jos ihminen maanpäällisessä elämässään uskoo helvetin olevan olemassa, niin tuolloin ihminen myös kokee helvetin olemassaolon kuollessaan. Ja se helvetin kokeminen voi olla lyhytaikainen, mutta se voi olla myös pitempiaikaista, jos siihen oikein vahvasti uskoo. Ja tuolloin ihminen sielunelämässään hetkellisesti eksyy, eikä tiedä missä on, koska sellaista paikkaa kuin helvetti ei ole olemassa. Ja kuitenkin on sellaiseen joutunut.

Joten kun tällainen sielun kokemus on, niin tällöin sielu eksyessään huutaa apua muualta. Ja se tarkoittaa, että tällainen sielu saattaa usein kummitella sieluna maanpäällä. Ja tuolloin sielut, jotka ovat maanpäällä vaeltamassa saattavat heitä nähdä ja kokea. Mutta ne sielut, jotka täällä kummittelevat ovat vain hetkellisesti eksyneitä. Ja jos heille sitten sanotaan, että mene valoon, niin sitten he pääsevät tuskaisesta olotilastaan takaisin autuuteen. Joten jos tällaiseen eksyneeseen sieluun törmäätte, niin silloin voi vain sille sielulle sanoa, että Jumalan nimeen mene valoon, jolloin sielu pääsee helvetin tuskastaan ja jatkaa kulkuaan totuuteen eli pois helvetin piinasta autuuteen.

Ja sitten on monia sieluja, jotka kärsivät maanpäällisessä elämässään paholaisesta. Eli he näkevät paholaisen omilla silmillään ja silloin he vahvasti uskovat sen olemassaoloon. Ja tuolloin he kokevat sen pahuuden, johon he uskovat. Ja tuolloin on ihmissielun todella paha olla ja niin on saatanan palvojien laita.

Ja kun on saatanan palvoja, niin silloin voi kokea paholaisen pahuuden aivan kuin saatana olisi olemassa. Mutta se on harhaa, josta pääsee eroon pyytämällä Jumalaa poistamaan tuon harhan. Ja se tapahtuu rukoilemalla Jumalaa poistamaan harhan ja pyytämällä Jumalaa antamaan rakkauden puhdistaa sydämensä saatanan aiheuttamista valheellisista luuloista ja pahuuden tuottamasta tuskasta. Ja

19

kun näin on tehnyt, niin Jumala parantaa ihmissielun ja tuolloin ihmissielu voi jälleen loistaa ja valita rakkauden valintojaan.

Mutta jos on tilassa, jossa uskoo enemmän valheelliseen harhaan, jossa saatana on korkein, niin silloin ei voi edes valita rakkaudellisia valintoja, vaan on vain harhamaailmassa, jossa mikään ei ole totta, vaan harhaa. Ja tuolloin ihminen saattaa tehdä aivan kamalia tekoja, jotka tuntuvat hirveiltä. Mutta toisaalta nekin on valittuja valintoja, jotka ovat ennalta sovittuja. Mutta ne eivät ole niitä rakkaudellisia valintoja, vaan ne ovat Jumalan luomia myönnytyksiä, joita voidaan tehdä, jotta toiset ihmiset pystyisivät ajattelemaan joitain asioita enemmän, kuten Jumalan rakkauden tärkeyttä.

Rakkauden lupaus

Rakkaus on se joka pitää pinnalla.
Rakkaus on kaikkialla.
Rakastamalla toisia saat myös itse rakkautta.
Rakkauden nimeen voit vannoa ja silloin vannot
Jumalan nimeen.

Sillä rakkaus on Jumala ja Jumala on rakkaus.
Ja sinä olet Jumal-energiaa, joten sinäkin olet
rakkaus. Ja muista, että muuta ei ole kuin rak-
kaus, sillä kaikki koostuu rakkaudesta.

Ja pyhyys on rakkauden tae ja muista, että py-
hää on kaikki mitä on. Ja jokainen ihminen on
pyhä ja te kaikki olette yhtä. Ja on vain ykseys
pyhyydessä ja rakkaus loistaa pyhänä energia-
na ykseydessä.

Joten ei ole mitään väärää eikä ole mitään jul-
maa, vaan on pyhä rakkaus, jonka nimeen on
vannottu lupauksia, joita te ihmiset maanpäällä
olette luvanneet täyttää. Ja lupaukset koostuvat
valinnoista ja valinnat on taivaassa sovittu, jo-
ten mitään ei voi tapahtua, etteikö se olisi Ju-
malan nimeen sovittu.

Ja niin on aina ollut ja niin on aina oleva, joten
aina olet pyhä ja niin on jokainen olento, joita
maa päällään kantaa, joten aina voit olla rau-
hassa ja rakkautta toisille jakaa. Ja koskaan et
voi rakkautta liikaa toiselle antaa.

Luku 5

Onko edes olemassa sellaista kuin esille nouseva kysymys, kun te mietitte ihmiselämän julmuuksia ja pahoja tai pahoilta tuntuvia tekoja. Ja se on sellainen asia, ettei ole mitään julmia tai rakkaudettomia tekoja, vaan on ainoastaan rakkauden täyteisiä, pyhyyttä loistavia lupauksia. Ja ne vievät teitä kohti elämänne sopimusta. Ja sitten vielä on muutamia myönnytyksiä, joita Jumala on myöntänyt, jotta sopimukset täyttyisivät. Ja sellaisiakin vaihtoehtoja on, että Jumala antaa teille sen elämänsopimuksen, kuten on itsemurhan kohdalla.

Mutta se, etteikö pyhyyttä olisi kaikessa tässä on täysin mahdotonta, sillä te olette Jumalan luomia pyhyyttä loistavia olentoja, jotka loistatte pyhyyttä kaikkialle. Ja se on niin suuri loisto, että enkelit näkevät sen teidän aurana. Ja kuollessanne teidän aurassanne loistaa se kaikkien elämienne aikainen pyhyys, joka on rakkauden valinnoistanne kertynyt. Ja sekin on niin, ettei ole sellaista ihmistä, jonka aura ei yhtään loistaisi, vaan kaikki sielut ovat joissakin elämissään olleet rakkauden valinnoissaan suuria sieluja, joten jokaisen sielun aura loistaa pyhänä valona.

Ja valo onkin se, joka antaa teille teidän sielunne unelmalta tuntuvan voiman ja sen voiman avulla te voitte elintoimintojanne jatkaa. Mutta kun sielun valo himmenee, niin se vain tarkoittaa, että silloin teidän auranne valo näkyy paremmin tänne rajan toiselle puolelle kuin teille rajan sille puolelle. Ja se onkin meille rajantakaisille eläjille merkki siitä, että tiedämme tulla teitä kuolevia sieluja tervehtimään ja vastaanottamaan. Ja se sielun valo tavallaan välkkyy eri tavoin kuin eläessänne silloin, kun kuoleman hetki on koittamassa. Mutta se on sellaista välkyntää, joka johtuu rajan ylittämisestä. Eikä sitä voi ihmissilmin nähdä, mutta me rajan toisella puolella voimme sen nähdä.

Ja silloin, kun ihminen kuolee, hän toteuttaa aina oman elämäntehtävänsä, joten hän on siirtymisen aikana valmis. Ja siirtymiseen liittyy monia asioita, kuten se, että me tulemme sielua vastaan. Ja me tarkoittaa nyt sieluja, jotka ovat aiemmin päältä maan jo lähteneet. Ja myös enkeleitä, jotka ovat koko ihmiselämän ihmisen auttajina. Ja myös on henkiä, jotka eivät ole minkäänlaisessa yhteydessä teihin teidän eläessänne, mutta kuollessanne ne henget auttavat teitä rajan yli. Ja nämä henget ovat teille outoja, koska teille ei niistä ole ennen paljon kerrottu.

Mutta niiden henkien olemassaolo tuntuu kuoleman hetkeltä selviöltä, sillä kuollessanne te muistatte jälleen olevanne Jumalan luomia sieluja ja myös sen, ettei ole mitään pahuutta. Ja te muistatte aiemmin kokemanne kuolemat, joten te tunnistatte silloin kaikki kuolemaan liittyvät asiat, kuten myös senkin, ettei ole olemassa helvettiä kuin harhojenne aiheuttamassa epätodellisessa maailmassanne, joten ei tarvitse pelätä mitään. Eikä myöskään paholaista, joten on vain ja ainoastaan Jumalan rakkaus, joka teidät rajan ylityksessä valtaa.

Ja se on sellainen rakkauden tunne, joka saattaa teidät vallata jossain maanpäällisen elämänne aikana. Mutta kaikki ihmiset eivät sitä maanpäällä eläessään koe lainkaan. Mutta jos esimerkiksi rukoilee paljon, niin tuon rakkauden tunteen voi kokea. Ja se ei ole samanlainen kokemus kuin se, kun rakastutte toiseen ihmiseen, vaan se on täysin siitä poikkeava kokemus. Mutta rakkauden tunne on niin voimallinen, että te sen kyllä tunnistatte Jumalan rakkaudeksi, jos sen olette maan päällä kokeneet.

Ja sellainen asiakin on, ettei ole mitään kuilua, jonne voisitte pudota tai mitään pahaa ylipäätään, joka teitä voisi kuoleman jälkeen kohdata, vaan on pelkkä autuus ja rakkaus ja se tunneli, josta monet ovat teille kuoleman kokemuksistaan kertoneet. Sellainen tunneli, joka aina johtaa Jumalan luo. Ja siltä tunnelilta ei voi välttyä, vaan aina te sen tunnelin läpi menette jossakin vaiheessa. Ja joskus saattaa olla, että ette uskalla tai ymmärrä heti tunneliin mennä ja tuolloin saatatte jäädä hetkeksi maan päälle vaeltamaan. Mutta se aika tulee aina eteen, että te vain menette tunneliin ja jatkatte sielunne matkaa Jumalan luo autuuteen.

Ja siellä tunnelin toisessa päässä teitä odottaa edesmenneet läheisenne tai jo aiemmin edellisissä elämissänne vaikuttaneet sielut, jotka toivottavat teidät rakkaudella tervetulleiksi. Ja sellaista vaihtoehtoa ei ole, etteikö vastaanotto olisi rakkaudellinen, vaan aina on niin, että rakkaus valtaa kaiken, mikä tunnelin päässä odottaa, sillä tunnelin toisella puolella autuudessa ei ole muuta tunnetta kuin rakkauden tunne. Ja se on niin voimakas, että kaikki muut tunteet väistyvät.

Ja vielä siitä, etteikö olisi mahdollista heti syntyä uudestaan, että ei ole mitään syytä, etteikö se onnistuisi, mutta te ette välttämättä halua niin tehdä, vaan voitte haluta viettää aikaanne Jumalan läheisyydessä suojeluksen antamassa autuuden turvassa. Mutta se ei tunnu pitkään haastavalta, vaan se alkaa aikojen kuluessa tuntua tylsältä. Joten te sieluina haluatte joko lähteä maapallolle tai muulle planeetalle jälleen kokemaan uusia kokemuksia.

Tai sitten otatte sieluina hoitaaksenne joitakin rajantakaisia tehtäviä. Ja näitä tehtäviä ovat esimerkiksi läheisten ihmisten oppaina oleminen tai suojelu. Ja sitten vaihtoehtona on myös vain olla rajan takana ja opiskella erilaisia asioita, kuten miten tulla hyväksi ja suureksi sieluksi eli miten sielun tasoaan voi nostaa.

Ja sielun tason nostaminen onnistuu tekemällä rakkaudellisia valintoja, mutta on myös muita keinoja, joilla sieluntasoa voi nostaa ja siitä enemmän seuraavissa luvuissa.

Luku 6

Paljon on myös sellaista tietoa, että te kuollessanne menisitte jonnekin pimeyteen ja tulisitte sitten sieltä aikanaan pois, mutta mitään pimeyttä ei ole, vaan on pelkkä valo, joka vastaanottaa teidät rakkaudella. Ja on myös sellaisia kuvitelmia, etteikö ihminen voisi koskaan olla Jumalan kaltainen, vaan että hän on vain pienen pieni sielu, jonka tulee kumartaa Jumalaa. Mutta sekin on väärä tieto, sillä niin on, että ihmissielu on aivan yhtä korkea kuin Jumala, sillä sielut ovat Jumalaa, sillä kaikki on samaa energiaa.

Ja tuon energian nimi on Jumala, joten jokainen on yhtä paljon Jumala kuin nimeämänne hahmo Jumala. Mutta että eikö Jumalaa sitten olekaan, te kysytte. Ja minä vastaan, että on toki, mutta se ei ole sellainen erillinen hahmo kuin haluatte ymmärtää, vaan se tarkoittaa maailman kaikkeuden pyhää viisautta. Ja se ei ole mitenkään erillinen hahmo, vaan se on ajatuksenne ja voimanne, jolla te elätte.

Mutta miksi te sitten olette kuulleet Jumalan puhuvan, te kysytte. Ja minä vastaan, että maailman kaikkeuden pyhä viisaus voi puhua teille ja se voi myös tehdä ihan mitä tahansa muutakin, joten ei ole mitään mitä Jumala ei voisi tehdä.

Ja on myös sellaisia ajatuksia, että Jumala on jotenkin erillinen kuin ihmissielu. Mutta niinkään ei ole, vaan on vain ykseys, jossa on energiaa ja tuo energia on vain erillisinä kimppuina, joita voitte nähdä ihmiskehoina. Ja myös enkelit ovat energiaa, joka on erilaisessa muodossa kuin ihmiskehon energia. Ja värit, jotka ovat enkeleille tuttuja värejä, ovat sellaisia energiaspektrin ilmentymiä, jotka te ihmiset voitte joskus silmillänne nähdä. Ja on totta, että jotkin spektrit loistavat enemmän ja tuollaisia enkelivärejä te voitte paremmin erottaa. Ja valkoinen onkin kaikkien värien summa, joten yleensä te näette enkelien energian valkoisena.

Luku 7

On totta, että maapallolla on monia asioita, jotka eivät tunnu oikeilta. On paljon terrorismia ja on luonnon mullistuksia ja paljon myös muuta vääryydeltä tuntuvaa. Mutta on niin, että kaikki pahalta tuntuva on ennalta sovittu, joten ei ole mitään miksi sellaiset asiat tapahtuvat, muuta kuin että te olette ne itse Jumalan kanssa sopineet.

Ja nyt sanon teille rakkaat lapset, että on myös asioita, joihin te voitte itse vaikuttaa. Ja se on niin, ettei ole olemassakaan sellaista asiaan, johon ette voisi vaikuttaa. Ja se, miten te voitte asioihin vaikuttaa, on rukous. Ja rukouksella te voitte muuttaa koko maailman rakkaudeksi, jos niin haluatte ja jos siihen täysin sydämin uskotte.

Ja rukous on se, että vain ajattelette jotakin jo tapahtuneen. Eli ei tarvita mitään erityistä käsien ristiin laittamista tai pään kumartamista alas tai polvilleen menemistä, vaan on vain ajatus, johon syvästi uskotte. Ja silloin myös huomioitte koko maailmankaikkeuden viisauden, niin silloin voitte muuttaa koko maailman toimintaa. Ja siihen ei tarvita mitään ihmeellisiä rituaaleja, vaan ainoastaan vahva usko.

29

Ja nyt annan teille kuitenkin malliksi yhden ruko-
uksen, jota te voitte käyttää, jos niin haluatte. Ja
sitä mukaillen te voitte sen käyttää jokaiseen elä-
männe tilanteeseen. Ja jokaisen läheisen tai jopa
koko maapallon hyväksi. Ja se menee näin:

Olen suojattu
Kristuksen kultaisella säteellä.

Ja minä olen Maa-Äidin sydämeen juurrutettu.

Ja tunnen nyt koko maailmankaikkeuden
laskeutuvan minuun.

Ja minä olen Jumalan poika/tytär.

Ja minä olen osa
maailmankaikkeuden viisautta.

Olen yhtä sen kaikkivaltiaan viisauden kanssa.

Ja nyt asiat, joihin syvästi sydämessäni uskon
ovat toteutuneet, sillä niin on
Jumalan tahto ja rakkauden laki,
että kaikki mihin Jumala tahtonsa laittaa
on tapahtuva.

Ja minä olen Jumal-energiaa,
joten minun rakkaudellinen ajatukseni
tapahtuu nyt
ja on jo henkisellä tasolla toteutunut.

Kiitos siitä rakkaat henkiset auttajani.

Kiitos, kiitos, kiitos.

Ja nyt on aika, jona te ihmiset usein epäilette Jumalan olemassaoloa, koska niin paljon julmalta tuntuvia asioita tapahtuu. Mutta niin on, ettei mitään asioita tapahdu maailmassa, etteikö joku sielu olisi niitä Jumalan kanssa jo aiemmin sopinut.

Ja myös paljon on sellaisia asioita, kuin luonnon katastrofit. Ja ne ovat Äiti Maan ja Jumalan välisiä sopimuksia, joten Äiti Maakin on elävä rakkaudellinen yksilö tässä teidän erillisyydessänne. Mutta totuudessa Äiti Maakin on teidän kanssa samaa Jumal-energiaa, joten te voitte rukoilla myös Äiti Maan puolesta.

Ja jos jokin on tehnyt sopimuksia Jumalan kanssa, niin niihin ei kovin helposti voi vaikuttaa, mutta valintoihin on helppo vaikuttaa. Eli jokainen tekee jatkuvasti valintoja, mutta heidän oma sielunsa ja heidän suojelusenkelinsä ja oppaansa kuulevat teidän rukouksenne, joten ihmisen egon valintoihin voidaan siten vaikuttaa rukouksilla. Mutta sittenkin sielu ja yksilö aina viimekädessä itse valitsee tekonsa, joten siihenkin on vaikea vaikuttaa. Mutta vahvasti uskomalla tuo usko siirtyy jopa egon ajatukseksi, joten tuolloin yksilö valitsee juuri niin, kuin olit itse ajatellut, mutta vain vahvan uskon avulla.

Ja vielä on sellainen asia, että jos päästätte tuohon uskon ajatukseen epäilyksiä, niin epäilyt toteutuvat varmemmin, sillä on paljon helpompaa uskoa epäilyihinsä kuin toivomaansa rakkaudelliseen ihmeeseen. Joten muistakaa rukoillessanne uskoa kaikkivaltiaaseen rakkauteen ilman epäilyksiä, niin toiveenne toteutuu.

Ja vielä nyt sanon sellaisen asian, ettei ole yhtään mitään asiaa, mihin ette voisi pyytää Jumalan apua. Sillä niin on tarkoitettu, että Jumala on teissä ja Jumala on aina kanssanne, joten hän auttaa teitä kaikessa ja aina. Ja se on myös enkeleiden ja oppaiden ja muiden henkisten auttajien tehtävä, että he auttavat ihmiskehoihin syntyneitä ihmissieluja ja eläimiä ja kasvejakin. Joten ei ole mitään, mitä te ette voisi henkisiltä auttajilta pyytää. Ja jos toiveenne tulee sydämestä maailmankaikkeuden hyväksi ja te siihen laitatte uskoen myös kiitoksen, niin toiveenne toteutuu.

Ja nyt olkaa rauhassa rakkaat lapset, Jumala on kanssanne nyt ja aina, Aamen.

Luku 8

Iloisuus ja onnellisuus ovat ihmisille mittaamatto-
man arvokkaita asioita. Ja on vain rakkaus, joka
saa ne aikaan. Ja se tulisi aina muistaa, sillä aitoa
iloa ja onnellisuutta ei voi saavuttaa ilman rakkaut-
ta. On ehkä vähättelyä, jos sanon, että ilo ja onni
pitävät ihmisen sielun terveenä, sillä ilo ja onni
ovat vielä paljon sitäkin enemmän.

Ilo ja onni tuovat ihmissielun Jumalan luo ja sillä
nyt tarkoitan, ettei ole olotilaa, joka olisi lähempä-
nä maailmankaikkeuden pyhää rakkautta, kuin
mitä ilo ja onni saavat aikaan. Eivätkä nuo tunteet
ole tärkeitä pelkästään sen vuoksi, että Jumala on
silloin lähellä, vaan että myös kaikki henkiset aut-
tajat voivat silloin olla ihmistä lähellä ja olla autta-
massa ihmistä, jos ihminen apua pyytää. Joten ih-
misen maan päällisen elämän suhteenkin on eh-
dottoman tärkeää, että ihminen on täynnä iloa ja
onnellisuutta.

Mutta aina se ei tunnu helpolta toteuttaa, sillä vä-
lillä tuntuu sellaiselta, että mikään ei suju ja että
kaikki menee päin seiniä. Mutta juuri silloin olisi
hyvä muistaa, että ilon ja onnen avulla voidaan tuo
ns. epäonni kukistaa.

Ja niin vielä on, että iloa ja onnea voi pyytää ruko-uksella aamuisella tai iltaisella rukouksellaan. Ja tuolloin Jumala tekee päivästäsi iloa ja onnellisuut-ta pursuilevan. Mutta jos ei siihen taasen usko, niin se ei voi toteutua. Mutta vahvalla uskolla saavutat rauhan, joka koostuu ilosta ja onnesta.

Luku 9

Kaikkialla maapallollanne on nyt ollut puhetta siitä, ettei ole oikein, mitä rauhanne alla liikkuu. Ja tarkoitan nyt terrorismia, jota teille nyt niin paljon on annettu. Ja se on sellainen asia, johon voitte rukouksin itsekin vaikuttaa.

Ja jos yhdessä rukoilette teidän rauhanne puolesta, niin terrorismikin vähenee maapallolla. Ja niin on, ettei ole mitään niin pahalta tuntuvaa kuin läheisen menetys terrori-iskun kautta, joten olkaa lujia uskossanne ja luokaa rauhaa rukouksillanne. Sillä terroriteot on annettu maailmaan, jotta teidän uskonne heräisi uudelleen ja te ryhtyisitte yhdessä tekemään rauhan työtä.

Ja terrorismi ei ole mikään rangaistus siitä, että ette ole vahvoja teidän uskossa, vaan ne ovat herätys uuteen maailmaan, joka on jo käsillänne. Ja ilman teidän yhteisiä rukouksianne joudutte kärsimään paljon, mutta jos te yhdytte yhteisiin rauhan rukouksiin, niin silloin teidän Jumalanne lähestyy teitä ja te voitte kärsiä paljon vähemmän. Joten rukoilkaa yhdessä ja annan nyt teille rauhan rukouksen, joka menee näin:

Herramme, pelastajamme
ole meille armollinen.

Anna meille meidän uskossamme
rauhaa ja rakkautta
maan päälle.

Ja tuo meille iloa ja onnellisuutta,
jotta aina muistaisimme elämässämme
kuinka tärkeää
on olla rauhan välikappale.

Ja anna meille voimaa ymmärtää
näitä terrorismin tekijöitä,
jotta osaisimme antaa
myös heille rakkautta.

Ja anna meille avuksi enkelisi,
jotka puhdistavat
tämän maapallon kärsimyksiltä,
sillä me tahdomme maapallon
jo kukoistavan rauhan mahdissaan.

Kiitos, kiitos, kiitos.

Tapahtukoon Jumalan tahto,
Aamen.

Ja kun te tätä rukousta Jumalan nimissä yhdessä rukoilette, niin ihmeitä tapahtuu. Ja mitä suuremmin joukoin te tätä rukousta lausutte, niin sitä suurempi on aikaan saatu rauhan sanoma.

Ja silloin tapahtuu se, jota te olette jo halunneet, eli terrorismi häviää ajan mittaan maapalloltanne, mutta siihenkin tarvitaan vahvaa uskoa, jota te kaikessa toimissanne tarvitsette. Ja sen tähden teidän tulee vahvistaa uskoanne päivittäin antamalla elämänne Jumalan käden ohjattavaksi.

Luku 10

Se on niin, ettei maapallo tule toimeen ilman teidän rukouksianne, sillä maapallokin on elävä. Ja jos unohdatte sen, niin maanne voi huonosti. Ja on monia, jotka ovat maapallon elollisuuden jo ymmärtäneet ja kutsuvat maata Äiti Maaksi Gaiaksi. Mutta moni on vielä epäröivä eikä kykene maan elollisuutta ymmärtämään. Mutta niin kuitenkin on, että Gaia teidän maapallonne hengittää ja elää teidän mukananne ja se koostuu samasta Jumalenergiasta kuin te itse. Ja se saa voimansa samasta Jumal-lähteestä kuin tekin, joten te olette yhtä Äiti Maan kanssa.

Ja te maadoitutte Äiti Maahan silloin, kun te synnytte ja tuolloin te saatte itsellenne kultaiset juuret, jotka ulottuvat aina maan kristalliseen ytimeen asti. Ja noiden juurten avulla te voitte toimia ihmisinä maan päällä. Ja se tarkoittaa, että jos teillä ei olisi juurianne, niin silloin olisitte osa ykseyttä ja se vaikeuttaa elämäänne maapallolla, koska leijailette Äiti Maan ja ykseyden välillä. Mutta kun saatte juurenne, niin olette kunnolla maadoittuneita eli silloin te elätte täydellisesti erillisyydessä kokien eri asioita täysin sydämin.

Mutta että eikö voisi vain olla ykseydessä ilman maadoitusta, te kysytte ja se on ihmiskehoisena huono asia, sillä ihmiskeho on luotu siten, että se on erillisyydessä toimiva kokonaisuuden harha. Ja jos sitä ei ole maadoitettu Äiti Maahan, niin se ei toimi kuten on ajateltu, vaan se on irrallinen vailla mitään kiinnitystä ja tuolloin ihmisen pää tuntuu sekoavan.

Ja se ei ole hyvä asia, sillä moni ihminen on tavalla tai toisella menettänyt juurensa. Ja se tapahtuu siten, että on liikaa kiinnittynyt pois erillisyydestä esimerkiksi meditoimalla liikaa tottumattaan tai on muutoin liikaa henkisissä asioissa ilman maadoitusta ja tuolloin voi menettää juurensa. Ja samalla voi jopa menettää järkensä ja joutua mielisairaalaan. Joten on ehdottoman tärkeää muistaa aina maadoittaa itsensä Äiti Maahan.

Ja se tapahtuu siten, että vain kuvittelette itsellenne kultaiset paksut juuret, jotka lähtevät teidän takapuolenne alta ja ulottuvat syvälle maahan jatkuen aina niin syvälle, että juuret kohtaavat maan kristallisen ytimen, joka on Äiti Maan sydän. Ja juuret kietoutuvat tuon kristallisen ytimen ympärille, jolloin te olette yhtä maan kristallisen sydämen kanssa ja silloin te olette maadoitetut.

Mutta on myös monia muita keinoja, joilla voitte maadoittua ja yksi keino on ajatella olevansa kiinnittynyt maahan ja tuntea jalkapohjissaan Äiti Maan lämpö.

Ja vielä voi vain tehdä maanpäällisiä askareita niin tunteen viemänä, että unohtaa kaiken henkisen, jolloin maadoittuu automaattisesti. Eli tällaisia maallisia asioita ovat esimerkiksi käsitöiden tekeminen tai muut koti- tai työaskareet. Ja vielä liikunta on yksi hyvä maadoituskeino, kuten myös jalkapohjien hierominen maata vasten, jolloin voitte tuntea maayhteyden. Mutta nyt on aika jälleen siirtyä muihin asioihin.

Luku 11

Viisaus ja puhtaus ovat maailmankaikkeuden yhdessä pitävä voima. Ja noiden kahden voiman tuojan avulla te voitte luoda asioita. Ja se on niin, että on vain viisauden muistaminen, sillä te ette vain sitä nyt muista, mutta pitämällä itsenne puhtaina te voitte sen viisauden muistaa.

Ja puhtaus tulee siitä, että vain puhdistatte chakranne päivittäin ja pyydätte puhtaisiin chakroihinne viisauden energiaa, joka on kullalle hehkuvaa kultaista kimaltavaa pyhää energiaa. Ja kun te olette täynnä tuota kultaista energiaa, niin silloin maailmankaikkeuden pyhä viisaus on teissä. Ja te voitte muistaa olevanne pyhiä sieluja, jolloin käytössänne on maailmankaikkeuden pyhä kultainen viisaus.

Ja viisaus on teissä aina, mutta te ette sitä muista jos te likaatte itsenne. Ja likaantuminen voi olla sitä, että te ajattelette toisistanne pahaa tai olette muutoin negatiivisia, joten positiivisuus pitää teidät puhtaina. Ja myös ajattelulla voitte puhdistaa itseänne sanomalla mielessänne olevanne puhtaita ja olevanne täynnä kultaa ja viisautta koko maailmankaikkeuden ollessa teissä.

Ja on myös hyvä välillä meditoida, jotta mieli tyhjenee kokonaan kaikesta negatiivisuudesta, jolloin te puhdistutte ja teidän mielenne täyttyy maailmankaikkeuden pyhällä viisaudella.

Mutta on toki totta, ettei aina pysty olemaan vain viisaus, vaan on hetkiä, joina te olette vain ihmiskehoisia kokemuksen vastaanottajia ja silloin teissä hetkellisesti ei ole tuota viisautta. Ja se kuuluu kokemuksen antamaan hetkeen, ettei sitä heti voikaan ymmärtää. Sillä jos kaiken heti ymmärtäisi, niin silloin ei voisi koskaan kokea mitään täydellisesti ihmisenä, vaan kaikki olisi ymmärrystä ja viisautta.

Mutta hyvä olisi, että te mahdollisimman paljon ottaisitte viisautta käyttöönne, sillä ilman viisautta teidän elämänne on vaikeaa ja tuntuu, ettei mistään tule mitään. Mutta olemalla osa viisautta teitä autetaan ja te itse ymmärrätte enemmän elämän tarkoitusta ja tapahtumien kulun merkitystä.

Ja on vieläpä niin, ettei kukaan koskaan voisi keksiä mitään uutta maapallolla jos hänessä ei olisi maailmankaikkeuden pyhää viisautta. Joten on tärkeää tyhjentää mieli ja ottaa vastaan kultainen pyhä viisaus, jolloin kaikki henkiset auttajat voivat tuoda ihmisen mieleen tuota pyhää tietoa, joka ilmenee päivittäisinä ideoina ja täydellisyyden tunteena tässä maailmassa. Joten rakkaat lapset meditoikaa ja puhdistakaa chakrojanne pyhälle viisaudelle, niin elämänne ongelmat helpottuvat.

Luku 12

Kun ajattelet varmuudella tulevaa, niin silloin voit myös olla varma kaikista tulevaisuuden tapahtumista. Mutta jos sinä epäilet joitain asioita, niin voit myös olla varma, että nuo epäilyt toteutuvat. Joten aloita päiväsi aina tietäen varmuudella, että päivästäsi on tuleva loistava ja täydellinen, sillä ei ole edes mahdollista, että eikö päiväsi aina olisi täydellinen.

Ja se on myös tarkoitettua, että välillä kaikki tuntuu menevän vain pieleen, mutta todellisuudessa kaikella on jokin tarkoitus. Joten jos tunnet itsesi voimattomaksi, niin sekin on tarkoitettua. Eikä ole niin, ettäkö et voisi olla aina joskus myös väsynyt, joten ole rauhassa aina ja nyt, sillä kaikki mitä maailmassa tapahtuu, on tarkoitettua.

Ja vielä sekin on asian laita, että kun on huonolta tuntuvia päiviä, niin se tarkoittaa vain sitä, että silloin valmistaudut johonkin tärkeään paljon energiaa ja positiivisuutta sisältävään tapahtumaan. Joten väsymys on vain oire tulevasta onnesta ja virkeydestä, joten ei pidä huolestua välillä tapahtuvasta väsymisestä, vaan tuolloin voi vain olla onnellinen siitä, että pian tulee tapahtumaan jotakin elämää suurempaa, kuten on tapana sanoa.

Ja kun taasen piristyt, niin ymmärrät, että tuolla väsymyksellä oli todella tarkoituksensa. Ja jälleen olet oppinut, ettei ole mitään, mitä maailmassa tapahtuu, että et olisi sitä ennalta sopinut ja valinnut. Ja kun pidät sen asian kaikessa toiminnassasi mielessä, niin elämäsi on helpompaa.

Ja vielä on niinkin, että kun on oikein vihaisella tuulella, niin sen jälkeen tulee aika, jona sydän täyttyy rakkaudesta ja onnesta ja silloin taasen ymmärrät vihasikin tarkoituksen.

Ja jos ei näitä vastakohtia olisi, niin ei olisi elämän ihanuutta eli sitä kokemista, jonka elämä antaa, vaan olisi pelkkä tylsyys, jossa on todella tunteetonta olla. Eli tuolloin voisi yhtä hyvin olla kuollut. Joten ole onnellinen aina kun voit tuntea jotain, sillä sen avulla tiedät eläväsi täysillä.

Ja kun olet masentunut, niin tuolloin ymmärrät tunteiden tärkeyden, sillä masentuneena ei voi tuntea mitään ja tuolloin ei voi tuntea elävänsä. Joten elä kaikkia tunteita täysillä. Ja jos olet todella tunnepohjainen ihminen, niin tiedät, että tämä elämäsi on täydellisin elämä, mitä Jumala voi sinulle antaa, sillä raha ei tee onnelliseksi, mutta tunteiden paljous tekee.

Luku 13

Kaikkialla on olemassa suuria muutoksia, jotka vaikuttavat teidän elämäänne. Ja te muutoksissa eläen yritätte selviytyä arkipäivienne murheista. Ja on raskasta ottaa vastaan uusia energioita yrittäen silti elää normaaliksi kutsuttua elämää.

Ja suurin muutos on teidän oman ajattelutapanne, joka ei enää ole sama kuin vuosia sitten. Sillä nyt jo ajattelette niin, että te olette jokainen enemmän kuin vain ihmisiä, jotka olette lihaa ja verta ja sitten kuolema vie teidät maan uumeniin ja sitten madot syövät.

Ja tarkoitan sillä ajatuksen muutoksella sitä, että jo sisimmässä ymmärrätte, että te jatkatte elämäänne kuoltuanne ja monet uskonnot ovat niin jo tuhansia vuosia puhuneet, mutta ei aivan sillä merkityksellä, joka nyt on noussut pintaan. Joten kaikissa maissa on nyt meneillään ajatustapojen muutos. Ja niin nyt on, ettei ole olemassa kuin yksi oikea tapa ajatella. Ja se on se, että elämänne jatkuu aina, sillä sielu ei voi koskaan kuolla tai joutua sellaiseen tilaan, etteikö elämä enää jatkuisi, vaan aina on mahdollista syntyä uudestaan ja uudestaan.

Ja ei ole olemassa mitään karmaksi kutsuttua ulkopuolista energiaa, joka saattaisi teidän elämäänne vaikuttaa, vaan on ainoastaan sielun ja Jumalan ykseyden välillä tehdyt rakkaudelliset sopimukset ja lupaukset toisia sieluja kohtaan, joita sitten synnyttyänne noudatatte. Ja valitsette itsellenne sillä hetkellä hyvältä tuntuvat lupaukset, sillä lupauksia on tuhansia ja te vain valitsette vapaan tahdon vallitessa yhden rakkaudellisista lupauksistanne ja etenette sielunne tiellä niiden valintojenne mukaan.

Ja mitä rakkaudellisimpia valintanne ovat, sen korkeammalle tasolle sielunne taso nousee. Joten voitte nousta jokaisen elämänne elämän avulla yhä lähemmäs Jumal-tasoa. Mutta se ei ole ainoa asia, johon valintanne kohdistuvat. Vaan myös te itse päätätte oman sielunne tason mukaan, minkälainen elämä olisi teille hyväksi seuraavan elämänne kohdalla. Ja siitä puhumme seuraavassa osassa.

Luku 14

On ollut monia teitä ja toimintatapoja eri asioiden suorittamiseen. Esimerkiksi niin on toimittu, että vain annetaan kaiken tapahtua eikä välitetä siitä, mitä tapahtuu. Ja se onkin aika yleistä, ettei itse edes pyritä vaikuttamaan siihen, että mitä tapahtuu vaan kuljetaan virran mukana. Ja se on helppoa, mutta sillä tavoin ei voi edetä minkään asian suhteen.

Ja siksi olisi tärkeää, että jokainen sielu pyrkisi vaikuttamaan omaan etenemiseensä opettelemalla keinoja hallita elämäänsä. Ja nyt kerron teille tavan, jolla voitte muuttaa virran kulkua ja silloin te itse päätätte elämänne suuntaviivoista.

Ja se keino, jolla te sen voitte tehdä, on se, että ajattelette kaiken positiivisessa mielessä jo tapahtuneeksi ja kiitätte, että näin on jo tapahtunut. Ja jos te näin aina teette, niin silloin te ette voi mistään asiasta jäädä paitsi. Ja on vain uskottava sen jo tapahtuneen.

Ja nyt te mietitte, että niinhän sitä aina sanotaan, mutta ei se mitenkään onnistu, vaan aina tulee epäilyä, mutta siihenkin on keinonsa. Eli kun te jotain päätätte saada, niin siunatkaa se asia Jumalan nimeen, niin silloin kaikki tapahtuu helpommin ja jos te sen olette Jumalan nimeen siunanneet ja uskolla siunauksenne vahvistaneet, niin kaikki se tulee tapahtumaan.

Ja on vain yksi ongelma, joka teitä vielä estelee ja se on teidän epäuskonne. Ja jos vain uskoisitte Jumalaan, niin päivänne olisivat ruusuilla tanssimista, eikä olisi missään asiassa enää epäilyn häivää.

Ja te nyt mietitte, että miten sitä uskoa voisi sitten vahvistaa. Ja yksi keino on rukoilla usein. Mutta vielä on muita keinoja, kuten se, että joka aamu te meditoitte ja kiitätte Jumalaa siitä, että Jumalenergia teissä loistaa auringon tavoin, jolloin te itse tunnette sen hohtavan energian teissä. Ja silloin uskominen on helpompaa. Ja aina voitte pyytää Jumalalta uskon vahvistuksia, jolloin te niitä saatte, mutta sitäkin pitää pyytää uskoen, joten sekään ei onnistu ilman uskoa.

Ja vielä on sekin keino elämänne ohjaamiseksi, että teette itsellenne sellaisen alttarin, jossa te päivittäin rukoilette, jolloin siitä tulee tapa ja te teette sen automaattisesti päivittäin. Ja silloin kun siitä on tullut tapa, niin silloin ei enää tarvitse yrittää uskoa, vaan uskosta on silloin tullut päivän selvä asia teidän elämäänne. Mutta tapaan tarvitaan aikaa, joten tällaisen keinon käyttäminen voi kestää vuosia, jolloin te jo tuskastutte. Mutta Jumalan siunauksella tapahtumat toteutuvat jo silmän räpäyksessä, joten se on nopea keino toteuttaa unelmansa.

Ja nyt toivon teidän siunaavan päivänne aamuisin, jotta elämänne muuttuisi helpommaksi edetä. Ja tuolloin te itse hallitsette elämänne kulkua ettekä vain elä valmiiksi tallattua polkua, vaan voitte polun itse muokata ja talloa.

Ja vielä ehdotan, että nukkumaan mennessänne siunatkaa myös yöunenne, jolloin voitte yöaikaan saada rakkaudentäyteisiä kokemuksia, eivätkä pahat unet enää kiusaa teitä.

Ja vielä ehdotan, että aina kun ajattelette jonkun asian toteutuvaksi, niin siunatkaa se aina Jumalan nimeen, niin kaikki elämässänne muuttuu parempaan suuntaan.

Luku 15

On myös olemassa sellaisia perusteluja, jotka väittävät, että maailma olisi nyt täydellinen, eikä enää muutu. Mutta niin ei ole, vaan maapallo muuttuu jatkuvasti. Ja sellainen asia on nyt tullut esille, ettei yksikään asia ole vielä täydellinen vaan kaikki on vasta alkutekijöissään. Ja sen tähden on hyvä ymmärtää, että ei ole tulossa maailmanloppua, vaan on vain alkamassa uusi aika ja se on jo alkanut.

Ja siitä teillä on todisteena pieni pojan alku, joka jo taapertaa maan pinnalla. Ja kun tuo pojan alku varttuu, niin teille selviää, että on myös tytön alku. Ja heillä on yhteinen tehtävä maapallolla ja se on rauhan ja rakkauden maapallolle tuominen.

Ja heitä edeltää ryhmä sieluja, jota kutsutaan rauhan piiriksi. Ja se on ollut olemassa jo jonkin aikaa, mutta he toimivat hiljaa, eivätkä halua itseään esille, vaan ovat rauhan ja rakkauden maapallolle järjestävä ryhmä, joka suodattaa Jumalan energiaa kanavana maan päälle. Ja tuo ryhmä tulee vielä olemaan tärkeämpi kun aika kuluu, mutta se on jo olemassa. Ja heidän työnsä on alkanut jo jonkin aikaa sitten.

Ja vielä on todisteita, joita te tulette saamaan maapallon eri puolille ja niitä ovat rauhan sopimukset, joita on ryhdytty solmimaan. Ja nuo rauhan sopimukset edeltävät tuhatvuotista rauhaa, joka pian laskeutuu maapallolle. Ja tuon rauhan laskeuduttua ei enää ole sotia vaan kaikki toimivat sulassa sovussa toistensa kanssa.

Mutta yksi asia on ja pysyy ja se on Jumalan rakkaus, joka aina on teissä ollut ja tulee aina olemaan. Ja se on asia, mikä ei koskaan muutu, vaan se on totuus, joka aina tulee olemaan muuttumaton.

Mutta sen haluan teille pyhät ihmiset sanoa, että jotta tuo rauha pääsisi kukoistamaan mahdollisimman pian, niin rukoilkaa rauhan ja rakkauden puolesta, jolloin te huomaatte rauhan ja rakkauden saapuvan vieläkin nopeammin kuin on ennustettu.

Ja nyt sanon vielä senkin, että te olette luojia maailmankaikkeudessa ja jokaisella ajatuksellanne te luotte asioita. Joten ajatelkaa rakastavasti, niin rakkaus pääsee loistamaan mitä suurimmalla voimalla. Ja nyt, Aamen.

Olette Herramme Jeesuksen Kristuksen
siunauksessa nyt ja aina,

Aamen.